Cómo Crear un Programa Individual de 90 Días 63

Cómo Ponerle un Precio a Tu Programa de 90 Días..........66

Cómo Promocionar Programas de Alto Valor 69

Cómo Vender Tus Programas de Alto Valor 77

Vídeos en Regalo 79

Conclusión...80

¿Quieres Que Te Ayude Personalmente? 82

El Autor..86

Derechos De Autor...90

Introducción

Muchas gracias por dedicarme tu precioso tiempo. Antes de comenzar, permíteme expresarte unos simples pero poderosos conceptos. Yo creo en ti. Sé que dentro de ti reside un increíble potencial humano y que posees unos talentos únicos por medio de los cuales puedes hacer la diferencia en tu vida y en la vida de los demás.

Tú mereces ser feliz y vivir una vida emocionante, completa, alegre, rica y llena de significado. Mereces poder realizar tus sueños de felicidad y mi empeño a lo largo de todo el libro será ofrecerte estrategias concretas para transformar tu vida profesional y alcanzar la libertad financiera que ciertamente mereces.

En un entorno social que ya no ofrece ninguna seguridad de tipo económico o profesional, la forma más segura y exitosa de realizar tus ambiciones de felicidad, satisfacción y libertad financiera es la de transformar tus auténticas pasiones en una profesión altamente remunerada.

Me refiero, en particular, a la posibilidad de convertirte en un consultor, coach o mentor de éxito que por medio de sus peculiares habilidades en una área específica de experiencia, pueda ofrecer servicios de alto valor a clientes que quieran transformar sus vidas en ese particular ámbito de interés.

Si todavía no crees en ti mismo o utilizas un sistema de creencias limitantes que no te permite visualizar y comprender tu inestimable valor como individuo y como profesional, entonces te sugiero antes de continuar leas mi libro "Tú Mereces Ser Feliz", gracias al cual podrás reconciliarte con la parte más auténtica de tu ser, identificar tu auténtico propósito, mejorar tu autoestima, sentirte más positivo, motivado y estar listo para expresar y liberar todo tu potencial humano y profesional.

Puedes descargar y leer mi libro "Tú Mereces Ser Feliz" en Amazon.com. Seguiré escribiendo dando por hecho que ya has absorbido e integrado los pensamientos allí tratados en tu nueva visión de ti mismo y del mundo.

Si eres ya un profesional, un consultor, un coach o un asesor que desea mejorar sus prácticas de negocio, vivir una poderosa libertad financiera, ganar miles y miles de dólares por cliente trabajando pocas horas, te sugiero ir directamente a la página 20.

Si, en cambio, estás apenas empezando este hermoso camino hacia tu realización profesional o si quieres simplemente abrirte a nuevas ideas y conceptos, te sugiero leer todo el libro desde el comienzo.

El presente libro se compone de dos partes principales:

1. Estrategias para convertir tu mayor pasión en una remunerada profesión
2. Estrategias para convertir tu profesión en un negocio potencialmente millonario.

Si tras leer todo el libro quisieras que te ayudara personalmente a generar estos cambios que siempre has deseado para transformar tu existencia profesional y económica, identificar tu cliente ideal, vender programas de alto valor, llevar tu negocio al próximo nivel y realizar tus sueños de libertad financiera, podrías reservar una sesión estratégica inicial por medio de mi página web en www.marconisida.com.

Antes de empezar, déjame agradecerte por tu gentil atención y permíteme desearte toda la felicidad y la alegría que ciertamente mereces.

Nota 1: Perdona mi pobre español, ya que al ser italiano habré cometido muchas fallas a nivel gramatical y estilístico.

Nota 2: Amiga lectora, he utilizado la terminación en -o (al masculino) exclusivamente por comodidad literaria.

TÚ MERECES SER FELIZ. TÚ PUEDES ALCANZAR TODOS TUS SUEÑOS.

www.MarcoNisida.com   Coach, Consultor y Autor

Puedes Realizar Tus Sueños de Felicidad

Mientras te escribo, estoy sentado en la playa, iluminado por un sol generoso y brillante. La arena resplandece y el océano canta sus versos de libertad. Respondo algunos correos y me preparo para una sesión de asesoría virtual con uno de mis importantes clientes. El sonido de las gaviotas se mezcla al ritmo natural de las olas del mar. Es una emoción única de libertad y felicidad. Poder trabajar desde cualquier parte del mundo, con tal sólo un dispositivo móvil, haciendo lo que más amo en la vida y ayudando a clientes especiales que valoran mis servicios y compran mis paquetes de alto valor, es un sueño que finalmente se ha convertido en una poderosa y maravillosa realidad.

Y te comprendo si toda esta información de momento te supera, porque yo tampoco varios años atrás habría podido creerlo. De hecho, para un joven nacido y crecido en un ambiente pobre, marginal, violento e ignorante era prácticamente imposible hasta el simple hecho de imaginar un trozo de felicidad. No quiero aburrirte con mi vida. Sólo deseo que sepas y entiendas que durante los primeros diecisiete años de mi existencia he simplemente intentando sobrevivir, defendiéndome de una cruda realidad, luchando para superar el día, esforzándome para que el mundo no me aplastará.

Desconozco cuál haya sido tu infancia, tu adolescencia o cuál pueda ser tu actual situación existencial, pero de algo estoy seguro: "tú mereces ser feliz", "tú puedes realizar tus sueños de felicidad", "tú puedes transformar tu vida en una obra de arte". Lo único que necesitas es decidir hacia donde quieres ir y empezar a caminar sin jamás detenerte.

En mi otro libro "Tú Mereces Ser Feliz" puedes encontrar técnicas prácticas para mejorar la calidad de tu estado mental, emocional y físico. Si aún no lo has leído, te sugiero hacerlo inmediatamente porque te permitirá reconciliarte con tu auténtica esencia interior, identificar tu verdadero propósito en la vida, mejorar tu autoestima y mantenerte alegre, motivado, entusiasta, positivo y enérgico.

Aunque el mundo se nos presente de forma tan caótica, compleja y desorganizada, todo se vuelve mucho más simple cuando logras comprender que siempre existe un camino posible entre dos situaciones existenciales distintas, sin importar cuanto sea desastroso el punto de partida. En mi caso, por ejemplo, contra todo pronóstico de mi entorno familiar y social, logré encontrar y seguir ese difícil camino entre una vida infeliz y destrozada y una vida maravillosa, feliz y emocionante.

Créeme si te digo que cuando dí el primer paso no tenía ni la mínima idea del camino a tomar, sólo me limité a decidir con todo mi corazón, con toda mi alma y con todo mi ser que jamás volvería a la mierda de mi pasado y que haría cualquier cosa faltase para, en algún momento de mi futuro, encontrarme en esa playa a disfrutar de la vida y del trabajo de mis sueños.

En tu caso será mucho más simple, ya que a lo largo de este libro te enseñaré paso a paso el camino más rápido y las estrategias más efectivas para llegar a realizar tus sueños de felicidad por medio del desarrollo de tu nueva profesión como consultor. De esta forma te evitaré los muchos errores y la tremenda frustración por los cuales tuve obligatoriamente que pasar, ya que en ese entonces no existían ni la cantidad ni la calidad de las informaciones y experiencias de las cuales hoy dispongo. Si cuando empecé mi camino personal de transformación, hubiese sabido todo lo que voy a enseñarte por medio de este libro, habría logrado en un año lo que en cambio he logrado en diez. Este es mi regalo para ti.

Por lo tanto, si decides con todo tu corazón, con toda tu alma y con todo tu ser que deseas realizar tus sueños de felicidad, sean cuales que sean, lo único que te pido es tu compromiso en dar el primer paso y mantenerte firme en tu propósito hasta que no hayas llegado a obtener su realización concreta. Por cuanto te parezca increíble, siempre existe por lo menos un camino que conecta tu actual situación existencial con la situación existencial en la cual sueñas transformar tu vida. Y en este libro te mostraré el camino más rápido y eficaz.

En mi otro libro "Tú Mereces Ser Feliz" explico detalladamente como puedes identificar tu auténtico sueño de felicidad y como crear un plan de acción (el camino) para llegar lo más rápidamente posible a la realización de cualquier meta te propongas.

Recuerda que todo es posible y que cada uno de nosotros puede realizar todo lo que sea capaz de imaginar. Somos criaturas cuya esencia es la pura inmensidad del universo. El hecho de que no comprendamos el milagro de la vida o la perfección del cosmo no significa que nuestra existencia sea una ilusión. Por lo tanto, por el hecho de que no comprendas aún las maneras en que realizarás tus sueños, deberías suponer que tus sueños no son realizables?

La Vida Laboral Condiciona Tu Existencia

Que lo quieras o no, la vida laboral condiciona tu existencia en términos de cantidad y calidad. Si tienes la "suerte" de estar trabajando, pasas medianamente más de 8 horas al día trabajando y gastas casi 2 horas de tu valioso tiempo en transportes para llegar al lugar de trabajo. La mayoría de las veces se trata de trabajos que no valoran tu talento humano y que descalifican tus competencias profesionales. Es muy común encontrar individuos muy talentosos, graduados, competentes trabajando en una franquicia de comida rápida.

Una vida laboral insatisfactoria, mísera y deprimente afecta tanto la calidad de tus pensamientos y de tus emociones, como la calidad de tu existencia en términos pragmáticos y económicos. Un tal trabajo que te impide crecer profesionalmente y humanamente, que te impide invertir tu valioso tiempo en profesiones más creativas, fascinantes, mejor remuneradas, más coherentes con tus auténticas inclinaciones. Conozco personalmente muchísimas personas que se sienten deprimidas, agotadas, defraudadas, tristes y sin esperanza, porque viven sus vidas laborales al igual que autómatas sacrificados y mal pagados.

Una Fantástica Alternativa Es Posible

Sabías que, de acuerdo a la revista Forbes, la consultoría es una industria de 100 billones de dólares americanos? Sabías que según la Oficina Estadounidense de Estadística Laboral la industria de la consultoría aumentará del 83% dentro del 2018? Estas tendencias se están verificando en todas las partes del mundo y con un mundo tan globalizado, un consultor puede ofrecer sus servicios a través del Internet sin límites geográficos.

Piénsalo bien. Mientras casi todos los demás sectores de la economía mundial se están viniendo abajo, la industria de la consultoría está creciendo rápidamente y la buena noticia es que existen tantas áreas profesionales cuántas son las necesidades humanas. Hoy en día, es posible construir una profesión en cualquier área de tu interés. Todos los días surgen nuevas profesiones que ayudan nuevos clientes con problemas nuevos por medio de innovadoras soluciones. En algunos casos, cuanto más "rara" parece la profesión, màs éxito suele obtener.

El mercado mundial de los servicios se está evolucionando de acuerdo a las nuevas necesidades humanas, que hoy como nunca necesitan soluciones personalizadas y creativas a problemas únicos e individuales.

La única forma de prosperar en esta nueva economía, siempre más orientada a los servicios, es identificar el perfil de nuestro cliente ideal, comprender el mayor obstáculo que le impide obtener su resultado más deseado y ofrecerle una solución personalizada que le permita contemporáneamente superar ese obstáculo de forma simple y lograr rápidamente ese resultado tan deseado. En pocas palabras, se trata de ofrecer nuestra ayuda personalizada para que nuestro cliente pueda transformar su situación de un estado A a un estado B.

La buena noticia es que si eres apasionado, competente y motivado en ofrecer soluciones en un determinado sector, y si puedes ayudar a otros a obtener resultados mejores, más rápidos o más fácilmente en ese mismo sector, entonces puedes desarrollar una actividad como consultor y perfeccionarte hasta convertirte en un experto. Y si esta afirmación te parece muy fuerte, entonces te sugiero seguir leyendo para que puedas ver las evidencias que la soportan.

¿Qué Significa Trabajar como Consultor?

Un consultor (del latín consultus que significa "asesoramiento") es un profesional que provee de consejo experto en un dominio particular o área de experiencia. Por lo tanto, cualquier persona que pueda ofrecer sugerencias útiles o informaciones valiosas en una determinada área de experiencia puede convertirse en un consultor.

Cada uno de nosotros es un universo único y maravilloso, lleno de ideas, pensamientos, experiencias de vida, informaciones, emociones, puntos de vista, intereses, pasiones y peculiaridades que nos hacen únicos y especiales.

Aunque todavía no tengas la claridad necesaria, ciertamente existe algo en esta vida que te apasiona más que cualquier otra cosa, seguramente existe algo que sabes o sabes hacer mejor que las otras personas de tu alrededor. Y ciertamente puedes decidir aprender a dominar una particular actividad dentro de una específica área de experiencia.

Y no dejes limitarte por tus actuales creencias sobre lo que puede o no convertirse en una profesión bien remunerada. Te quedarías asombrado al descubrir que existen ya profesiones "increíbles" que facturan mucho más de lo que imaginarías.

Suponiendo que tu mente se resista a creer a la posibilidad concreta de transformar tu actual pasión en una profesión bien pagada, he preparado una lista de profesiones bastante raras, a cuyo respecto la tuya parecerá mucho más razonable. Algunos ejemplos concretos:

- El Terapista de Detoxificación Digital ayuda a clientes tecnológicamente estresado a separarse de sus móviles y de los medios sociales.

- El Tutor de Curiosidad no sólo es fuente de inspiración y contenido para despertar la curiosidad, sino una persona que enseña el arte de descubrir cosas novedosas.

- El Consultor de Nombres para Bebés ayuda a los padres a decidir con atención el mejor nombre posible para su futuro bebé.

- El Camarógrafo Personal explora el mundo grabando experiencias únicas para que sus clientes puedan vivir esas emociones cómodamente desde el sofá de casa.

Y la lista podría seguir al infinito ...

En un mundo que evoluciona tan rápidamente, cada semana una nueva necesidad de un grupo de seres humanos hace que algunos innovadores quieran ofrecer una solución personalizada, y de esta forma cada semana un nuevo mercado y un nuevo tipo de profesión surgen de la nada.

Hoy en día existen consultores y expertos para todo tipo de necesidad, como por ejemplo: asesores de imagen y estilo personal, asesores personales de compra, asesores personales para la correcta nutrición, entrenadores personales para el cuidado del físico, entrenadores para la superación personal, consultores para convertirse en mejores padres, entrenadores para aprender nuevos idiomas, consultores personales para organizar tus viajes, y la lista puede seguir al infinito ya que cada semana nuevas profesiones y nuevos nichos de mercado habrán sido creados de la nada.

Todas estas profesiones tienen algo en común: un cliente con una necesidad y un profesional con una solución. Y quiero aclarar de una vez que para ejercer la mayoría de estas nuevas profesiones no hace falta tener un título, carrera, ni un diploma, ni un certificado ya que no son profesiones reglamentadas por ninguna ley, ni tampoco existen universidades que puedan prepararte en esos sectores. Lo único que necesitas es saber o saber hacer algo mejor que tu cliente y ayudarle a obtener resultados positivos más rápidamente o de forma más simple.

Este, tal vez, es el único aspecto en el cual hemos vuelto al pasado. Un pasado en el cual nuestros abuelos aprendían su profesión o su oficio trabajando en el campo, haciendo experiencia directa, aprendiendo en todas las formas que resultasen útiles para obtener mejores resultados en sus áreas de experiencia.

Por lo tanto, te sugiero un ejercicio rápido para ayudarte a definir el área de experiencia o el sector que tanto te apasiona con el cual empezar tu nueva profesión de consultoría.

Responde estas preguntas de forma espontánea, libre y sincera:

- ¿Cuál es la actividad que más te apasiona en la vida?
- ¿Cuál es el sector que estimula más tu curiosidad e interés?
- ¿Cuál es la actividad en la cual te destacas más por habilidades y talentos?
- ¿Cuál es el sector en el cual sabes o sabes hacer mejor que los demás?
- ¿Cuál es la actividad que jamás te cansarías hacer una y otra vez?

¿Eres un Coach, un Consultor, un Mentor, un Autor o un Profesional Independiente?

✗ ¿Estás cansado de atraer clientes equivocados que malgastan tu tiempo o no compran?

✗ ¿Trabajas muchas horas, cobras poco dinero y terminas frustrado?

✗ ¿Ofreces demasiado valor a precios descontados y no ganas lo suficiente?

✗ ¿Los clientes pesadillas están abusando de tu tiempo, dinero y energía?

✓ ¿Deseas atraer exclusivamente clientes ideales que valoren tus servicios y que tengan los recursos para invertir desde US$2.000 - US$5.000 o US$10.000 en un paquete de consultoría privada contigo?

✓ ¿Deseas alcanzar una libertad financiera que te permita vivir tu existencia y tu profesión según tus prioridades y estilo de vida?

✓ ¿Te gustaría ganar desde US$250.000 anuales trabajando trabajando con pocos clientes exclusivos y de altísima calidad?

Ventajas de la Consultoría Millonaria

En este capítulo deseo demostrarte todas las ventajas que podrías aportar a tu vida al desarrollar de forma correcta tu profesión de consultoría.

Trabajar como coach, consultor o profesional independiente, te permite mantener una relación altamente rentable entre ingresos y gastos. La gran mayoría de los consultores pueden hasta trabajar desde la comodidad de su propio hogar y, con el uso de las modernas tecnologías y sin gastos adicionales, pueden ofrecer sus servicios al mundo entero. Los costos para darse a conocer a través de campañas de marketing son mínimos y en algunos casos gratuitos. Los instrumentos necesarios son simplemente una computadora funcionante y una conexión al Internet. Puedo afirmar con total seguridad que puedes empezar este tipo de negocio con nada de dinero. Lo único que necesitas es invertir tu tiempo y esfuerzos en mejorar la calidad de tus servicios.

Cuando hablo de trabajar como consultor no me refiero a la anticuada y poco rentable idea según la cual un profesional vende sus servicios por hora. Ese modelo, de hecho, lleva al consultor hacia una inevitable situación de escasez económica, demasiado trabajo, estrés y frustración.

El único modelo de negocio que trataremos en este libro, es un modelo de negocio potenciado según el cual el profesional vende paquetes de alto valor a pocos clientes ideales, cobrando mucho dinero a cambio de resultados concretos por cada cliente. Imagina, por ejemplo, la situación en la cual un coach de relaciones tiene que ayudar a una clienta a solucionar los conflictos que están destruyendo su matrimonio.

Si esa clienta es una mujer emprendedora y dueña de una exitosa franquicia, y si a la vez ama a su propia familia y desea la felicidad propia, de su marido y de sus hijos, cuánto crees que valdrá para ella la solución definitiva a sus problemas matrimoniales? La verdad es que para ella esa solución podría valer todo el dinero del mundo y estará más que feliz de adquirir esa solución definitiva por medio de un paquete semestral del valor de US$10.000 US$. (NB: el símbolo "US$" significa dólares estadounidenses).

Ella habrá adquirido la solución, el remedio, el sistema probado, la transformación. Lo más interesante de todo es que si el consultor es realmente un experto en su área, puede causar esa gran transformación y facilitar esa solución definitiva trabajando exclusivamente unas 20 horas a lo largo de los 6 meses. Si haces las matemáticas, US$10.000 dividido por 20 hace US$500 por hora de trabajo, lo cual no está nada mal.

Este modelo potenciado de consultoría te permite cambiar radicalmente tu vida personal y profesional en tan sólo 30 días. De hecho, pueden ser suficientes los primeros 3 clientes de alto valor para transformar tu vida y dejar tu anterior trabajo.

Este modelo potenciado de consultoría te permite vivir libre de las limitaciones económicas, geográficas y temporales impuestas por otros trabajos. Puedes realmente trabajar desde cualquier parte del mundo, en total libertad, durante pocas horas al día y gozar de muy altos niveles de ingresos mensuales por medio de los cuales podrás tener acceso a muchas otras oportunidades de felicidad.

Trabajar como consultor potenciado te permite optimizar tu tiempo y dedicarlo exclusivamente a las personas que valoran tus servicios. Puedes elegir tus horarios favoritos y hacer que los clientes reserven las citas en los días y horarios más apropiados para ti. La idea es trabajar menos horas mientras ganas más dinero.

No necesitas convertirte en un experto de Online Marketing o en un Web Designer, ya que si deseas promocionar tus servicios en la web existen servicios muy poderosos y a la vez muy simples de utilizar. La mayoría del tiempo estarás utilizando Skype o un teléfono para hablar con tus clientes o el correo electrónico. Más adelante, te explicaré detalladamente como hacer para identificar tus clientes ideales y cómo atraerlos a tus servicios para que compren tus paquetes de alto valor.

Cuando trabajas menos horas y con un grupo selecto de personas que valoran tus servicios y que pagan sin problemas las altas tarifas de tus paquetes, te sientes más feliz, motivado y sinceramente dispuesto a facilitar esa gran transformación en la vida de tus clientes. Ellos pueden percibir tu gran dedicación, tu alto nivel de entrega y calidad profesional, porque tú estás entregándole y facilitándole personalmente tus conocimientos, las estrategias y las posibles soluciones. Todo esto causa resultados más rápidos y eficaces, y por lo tanto clientes más satisfechos y felices.

En presencia de nuestro cliente ideal, es mucho más fácil vender nuestros servicios de consultoría individual, que vender otros productos en los que el cliente tenga que hacer todo el trabajo por su cuenta. Todos los aficionados de música saben que es más apetecible asistir al concierto en vivo de su cantante favorito, que comprar un audio cd. Y si pudiesen costearlo, no dudarían ni un segundo en comprar un ticket para asistir al concierto en primera fila. Todos prefieren, pudiendo elegir, el contacto directo con un consultor que pueda facilitar la solución del problema.

Otra importante motivación por la cual te sugiero emprender el camino de la venta de programas de consultoría de alto valor es que a diferencia de la venta de productos o servicios baratos, sólo necesitas vender pocas unidades para realizar un resultado económico muy elevado. Y te aseguro que vender un servicio de US$10 no es más fácil que vender un paquete de US$2.000.

Si una pastelera desease realizar, por ejemplo, un resultado económico de US$10.000 al mes vendiendo tartas por US$50 la unidad, debería esforzarse en encontrar 400 clientes. Si en cambio decidiese vender un programa de formación dirigido a madres emprendedoras y siempre empeñadas que quieren finalmente aprender a preparar una tarta para sus queridos hijos, solamente necesitaría 4 clientas que comprasen su programa de formación por el valor de US$2.500 cada uno. Te aseguro que es más fácil encontrar 4 clientes especiales y altamente motivados que 400 clientes que sólo andan buscando el precio más económico.

Los Factores de Éxito de Toda Consultoría Potenciada

A lo largo de mi actividad profesional he conocido muchos consultores, coaches y mentores de alta calidad en términos de entrega del servicio, pero muy poco eficaces a la hora de transformar su profesión en una lucrativa actividad empresarial. La mayoría de los profesionales presentes en el mercado se quedan estancados en un modelo de negocio que mortifica sus competencias y les obliga a vender sus valiosos conocimientos por pocos euros a la hora.

Déjame decirte claramente que ese sistema es tan ineficaz cuanto injusto. Bajo ninguna circunstancia deberías vender tus servicios profesionales por hora, ya que de esta forma el cliente no logra comprender el profundo valor de tu trabajo y tú te conviertes en un esclavo de tu propia fábrica.

Piénsalo así. Si te obligas a cobrar por hora, será muy complejo justificar altos honorarios y por consecuencia tendrás que trabajar muchas horas al día para lograr una meta financiera apenas suficiente. Además, de esta forma, necesitarás constantemente buscar nuevos clientes y en cantidades que ya ni quiero imaginar. Este horrible sistema de negocio que llamo la "prostitución del conocimiento", te obligará a aceptar todo tipo de clientes y entre ellos habrán muchos que ni siquiera valorarán tus servicios, ya que tú mismo le has dado un precio tan barato. Todo esto agotará rápidamente tus energías y el entusiasmo que necesitas para imprimir un cambio positivo en tu vida y en la vida de tus clientes.

Es mi sincera opinión que no hemos venido a este mundo para trabajar como burros en cambio de trocitos de comida. Más bien estoy cierto de que hemos venido al mundo para apreciar y gozar de la abundancia que nos rodea a cada instante. Tanto el mundo natural como el mundo humano están repletos de infinitas riquezas. La única pregunta es: tú crees merecerte esa abundancia?.

Yo mismo he probado sobre mi propia carne las consecuencias psicológicas, emocionales y físicas de trabajar demasiadas horas al día para alcanzar resultados económicos embarazosos y que sólo me permitían sobrevivir. Yo también, como todos, empecé con modelos de negocio equivocados y tuve que pasar por épocas muy difíciles hasta encontrar el modelo perfecto que finalmente me transformaría la existencia.

Por esto tengo la sincera misión de enseñarte que otro modelo de negocio es posible y que puedes realizar todos tus sueños de felicidad por medio de una entusiasmante carrera de consultoría potenciada.

El Correcto Sistema de Creencias

Todo empieza con un mejor pensamiento

Muchos años atrás, mientras movía los primeros pasos hacia la construcción de mi carrera profesional tuve que enfrentar uno de los obstáculos mayores a nivel comercial: el miedo a vender.

Al comienzo, este problema se presentó como una especie de vergüenza o de poca convicción a la hora de decir el precio de un producto y recuerdo perfectamente que me dolía la sensación de hacer gastar mucho dinero al prójimo. Por lo tanto siempre intentaba ofrecer descuentos adicionales aún si eso significaba no tener margen de ganancia para mi.

Obviamente, no tardé mucho en comprender que ese estado mental y emocional a la hora de vender estaba saboteando todos mis planes de desarrollo profesional.

Con la ayuda de una amiga coach y tras la lectura de varios libros que trataban el tema sobre cómo atraer abundancia en mi vida, descubrí que la causa de mi ilógica incapacidad de vender algo o de generar dinero residía en la equivocada programación de mi sistema de creencias y de mis pensamientos acerca del dinero. En particular descubrí que tras vivir toda mi infancia y adolescencia en un entorno socio-cultural mísero y marginal, mi mente había absorbido e implementado un patrón de pobreza según el cuál yo no merecía ser rico y según el cual el dinero era malo.

Todas aquellas personas que, durante la parte más vulnerable de mi vida, me habían constantemente bombardeado con afirmaciones cuales: "no vales nada", "haces todo mal", "eres un inútil", habían logrado que mi subconsciente aceptase la creencia según la cual todo lo que hacía o ofrecía no tenía ningún valor.

Te estoy contando todo esto, porque fenómenos psico-emocionales tales como la inseguridad, la baja autoestima, la desvalorización, el miedo al rechazo, la desconfianza representan el mayor obstáculo para cualquier consultor, coach o mentor a la hora de vender sus paquetes de consultoría a un precio muy alto.

Aunque en presencia de un alto nivel de autoestima y de una gran confianza en sus propias competencias, cualquier consultor puede sentirse agitado al imaginar, por primera vez, la concreta posibilidad de vender un paquete de consultoría a un cliente privado por el valor de US$5.000, sabiendo que sólo trabajará 10 horas a lo largo de 3 meses.

Esa reacción automática de incredulidad está causada por un sistema de creencias con el cual se ha criado a lo largo de toda su existencia. De hecho, la gran mayoría de la población mundial suele formarse con la "verdad subjetiva" que la vida es dura, que el dinero es escaso, que hay que conformarse con lo poco que la vida te ofrece. Y si esa no fuese la única verdad?

Sabías que mientras millones de personas están en paro, en el 2013 la riqueza mundial ha aumentado del 4,9% y que dentro del 2018 habrá aumentado del 39%? Así que existe más dinero que nunca, ¿ pero adónde se ha ido?

Según las acreditadas investigaciones de la Credit Suisse, una de las instituciones de crédito más importantes del mundo, en el 2013: habían más de 31 millones de millonarios en el mundo controlando el 41% de la riqueza mundial; el 86% de la riqueza global estaba en las manos del 10% más rico de la población; la mitad más pobre de los adultos de todo el mundo sólo tenía el 1% de la riqueza mundial.
Siempre según las últimas publicaciones de la Credit Suisse, en el 2018 los millonarios a nivel mundial serán más de 47 millones, osea un 50% más del número actual.

Espero haber respondido a tu pregunta y a la vez haber contribuido a modificar un erróneo sistema de creencias, que ciertamente habría detenido tu desarrollo personal y profesional.

Si hasta ahora no habías percibido la inmensa riqueza existente en esta vida, puede que estuvieras buscando en lugares equivocados o que estuvieras atrapado en un programa mental de pobreza.

Ahora sabes que existe más dinero y riqueza en este mundo que jamás en toda la historia de la humanidad. ¿Qué piensas hacer con esta nueva revelación? ¿Crees merecerte una vida rica, próspera y abundante? Yo estoy convencido que si.

Espero con todo mi corazón que tú no cometas mi error inicial de considerar el dinero algo que corrompe el alma, algo que destruye la paz, algo sucio y que de todas formas no puede comprar la felicidad.

Déjame decirte que no hay nada positivo en ser una persona pobre. La pobreza no es un valor. La pobreza crea marginalidad, conflictos, ignorancia, hambre, miedo, inseguridad, infelicidad y dolor a varios niveles.

Intenta pensar con claridad o sentirte feliz cuando te estás muriendo de hambre, cuando vives por la calle o cuando vives asustado por tu seguridad personal a causa de la criminalidad fruto de la pobreza. No funciona muy bien, ¿verdad?

Quien me conoce personalmente sabe que no soy un materialista y hasta me aburre comprar muchas cosas, pero reconozco que el dinero es un medio que utilizo para viajar alrededor del mundo, vivir aventuras únicas, hacer deportes emocionantes, aprender nuevas disciplinas, conocer nuevas culturas, tener mejor salud, vivir el estilo de vida más coherente con mi auténtica esencia.

Y el dinero también puede ser utilizado para ayudar a los demás, para costear cursos gratuitos para los demás, para crear escuelas o hospitales, para sostener familias con problemas o para sacar a los niños de las calles de un barrio peligroso.

El dinero no es ni bueno ni malo, es simplemente un medio para realizar cosas. Tú decides cómo utilizarlo. Y si eres una persona buena y generosa puedes contribuir a mejorar la vida de muchas más personas si tienes más dinero.

Es muy importante que construyas una nueva y positiva relación con el dinero. Sobre todo es importante que modifiques radicalmente tu sistema de creencias acerca del dinero. Los datos no mienten. Existe más dinero, abundancia y riqueza en este mundo de lo que puedes imaginarte y todos los días esta riqueza mundial aumenta rápidamente.

Entonces, ¿qué estás esperando? Parte de esa riqueza puede ser tuya, sin importar la situación de dificultad en la cual te encuentras ahora. ¡Tú puedes alcanzar la libertad financiera! Tú mereces vivir un estilo de vida que te permita realizar tus sueños de alegría y felicidad. Aunque te hayan programado para pensar lo exacto opuesto, la mayoría de los millonarios y de los billonarios estaban en situaciones iguales o peores a la tuya cuando empezaron sus caminos.

En el 2012, según la revista Forbes, sobre el total de 1.226 billonarios en el mundo el 69% de ellos había creado sus fortunas desde cero. Y te digo esto porque generalmente una de las creencias que nos han inculcado desde pequeños es que los ricos sean simplemente personas afortunadas, malas, corruptas, egoístas, que han tenido una vida fácil o que han robado o heredado sus fortunas sin mover un dedo.

En realidad existen ejemplos maravillosos de personas que se han criado en la pobreza extrema y que han luchado con determinación e inmenso sacrificio para lograr el éxito y las riquezas de las cuales gozan hoy en día. Personas que han empezado su camino en situaciones peores de la tuya y de la mía. Esas personas jamás olvidarán de donde provienen y seguramente utilizarán ese dinero con la sabiduría y generosidad de quien sigue siendo muy sensible y humano.

Quiero hacerte dos simples ejemplos de un hombre y de una mujer que han construido sus riquezas de la nada:

- Jim Carrey, el famoso y rico actor cómico de Hollywood era tan pobre que no pudo terminar las escuelas superiores y acabó viviendo en un minibus con su familia. A los 12 años tuvo que trabajar 8 horas al día en una granja para ayudar a su familia. Ahora su patrimonio neto es de US$150 millones.
- Oprah Winfrey, la reconocida conductora televisiva era tan pobre que durante su infancia en la zona rural de Mississippi vestía sacos de patatas para repararse del frío. Ahora es la mujer afroamericana más rica del mundo con un patrimonio neto de casi US$3 billones.

Se podría escribir una entera enciclopedia sobre todas las historias inspiradoras que enriquecen este maravilloso mundo de oportunidades, pero mi intención ha sido simplemente demostrarte que todos, sin importar las dificultades, pueden lograr el éxito profesional y alcanzar la libertad financiera.

Cómo Piensan y Gastan los Ricos

La forma más rápida y eficaz de atraer a tu vida la abundancia y la libertad financiera que ciertamente mereces, es crear y vender paquetes de consultoría a un exclusivo grupo de clientes ideales a un precio realmente alto.

Para que puedas finalmente atreverte a cobrar US$2.000, US$5.000 o US$10.000 por cada cliente que adquiere tu programa de consultoría, necesitas antes asimilar los siguientes conceptos:

- los clientes ideales que vamos a atraer no tienen ningún problema de dinero y pueden gastar en una noche lo que tu gastas en un trimestre.
- nuestros clientes ideales están acostumbrados a los precios altos y desconfían de todo lo que sea barato.

- el precio alto es a menudo asociado con marcas exclusivas y servicios prestigiosos de alta calidad.
- un precio bajo es a menudo asociado con marcas baratas y servicios de escasa calidad.
- el valor adicional que un servicio puede aportar en las vidas de los clientes es siempre más deseable del simple valor funcional. Por esta razón, una Ferrari ofrece un valor adicional (las transformaciones y las experiencias a nivel emocional, psicológico, relacional, sociológico, etc..) inmensamente más alto de su simple valor funcional (un instrumento de transporte).
- los clientes ideales que vamos a atraer pagarían cualquier dinero para obtener los resultados y las transformaciones que necesitan con urgencia.
- promocionar y vender un servicio barato es mucho más costoso y complicado que vender un servicio exclusivo y de alto valor. Es por esto que los productos y los servicios de lujo como la Ferrari logran venderse a cualquier precio y antes de que estén disponibles.
- todos deseamos lo mejor de lo mejor y nuestros clientes ideales no son

diferentes en esto, con la importante ventaja de que ellos pueden costearlo.

- elegir el valor de tus programas significa elegir la calidad de tus clientes. Elegir vender tus paquetes a un valor muy alto te permite atraer exclusivamente clientes de calidad, más motivados y de alto valor.

- existe un cliente por cada precio y un precio por cada cliente. No importa cuánto alto te parezca el precio de tu nuevo programa, siempre existirá un cliente que pueda costearlo.

- si un producto o un servicio te parece caro significa exclusivamente que aún no puedes costearlo. Otra persona lo comprará en tu lugar, así que no te preocupes.

- tu percepción del dinero es diferente de la percepción del dinero que tiene tu cliente. Existen muchísimas personas que perciben y gastan los billetes de US$100 en la misma forma en que tu percibes y gastas los billetes de US$1.

Espero sinceramente que esta secuencia organizada de conceptos importantes y poderosos haya contribuido a modificar tus antiguas creencias sobre el dinero y por ende las creencias que te limitaban a la hora de poner un precio a tus programas de consultoría.

También espero haber aclarado el tipo de mercado al cual deseamos dirigirnos a la hora de promocionar nuestros paquetes y programas de alto valor.

Cómo Definir una Meta Económica

Definir una meta económica es el primer paso hacia la construcción de un sistema de pasos ordenados, acciones concretas y resultados medibles.

Tener metas claras y detalladas nos permite visualizar con precisión el resultado que queremos perseguir. Además, es prácticamente inútil afirmar frases como "quiero hacer mucho dinero", ya que al no tener informaciones detalladas nuestra mente será incapaz de activarse para conseguir una meta tan genérica. Es como si dijeras a un amigo: "nos vemos a las 5pm en un cualquier lugar de la ciudad"; por supuesto tú y tu amigo jamás podrán encontrarse de esa forma.

La forma más eficaz es identificar un importe anual que te permita vivir un estilo de vida que sea coherente con tus auténticos deseos existenciales. Tú eres la única persona que sabe sinceramente cuánto dinero necesita para vivir el nivel de existencia que deseas experimentar.

Si deseas lograr tus metas sin estrés, te sugiero realizar un plan trienal para que el incremento sea gradual de año en año. Si, por ejemplo, de aquí a 3 años quisieras realizar un resultado económico de US$250.000 anuales, sería conveniente crear un plan trienal que te permitiera crecer de forma gradual y sin estrés, según el cual podrías generar:

- US$100.000 durante el primer año
- US$180.000 durante el segundo año
- US$250.000 durante el tercer año

Esta progresión no tiene que ser gradual y se trata de una simple simulación para que entiendas cómo repartir una meta en submetas más fáciles de alcanzar. De hecho, muchos de mis clientes experimentan un crecimiento exponencial que les permite realizar sus metas ya durante su primer año.

Como puedes imaginar, cada individuo tiene una forma única y personal de cuantificar sus metas económicas y tiempos individuales para implementar su propio plan de acción.

Los profesionales particularmente ambiciosos, que logran convertirse en estrellas, celebridades o autoridades en sus mercados ideales tras un constante proceso de crecimiento personal y profesional, pueden llegar a facturar varios millones de US$ al año. Sepas que hay profesionales, consultores, mentores y coaches que actualmente cobran fácilmente desde US$50.000 en adelante por cada cliente que adquiera un programa de mentoría.

Te invito a definir tu propia meta financiera de acuerdo a tus necesidades y deseos de felicidad. Es el momento de soñar en grande y a la vez de actuar en grande. Tú mereces vivir tus sueños de felicidad y para ellos necesitas más libertad.

En cuanto hayas determinado la cifra exacta que deseas alcanzar en ese particular año de actividad, es suficiente dividir entre 12 y obtener la cifra mensual. Por ejemplo:

US$250.000 x 12 = US$20.833 al mes

Si intentaras generar esa cantidad de dinero vendiendo productos o servicios del valor de US$100 por unidad, necesitarías 208 nuevos clientes cada mes.

En cambio con nuestro modelo de consultoría potenciada, sólo necesitas 10 clientes ideales que compren tu programa de consultoría exclusiva del valor de US$2.083 o si la transformación que propones es aún más profunda y los resultados más rápidos o eficaces puedes generar los mismos US$20.833 con tan sólo 5 clientes que compren tu programa de consultoría VIP DAY del valor de US$4.166.

Y si tu mente rechaza todavía la idea que sea posible cobrar esas cantidades por un servicio que puede transformar completamente la vida de tus clientes, entonces todavía sigues pensando en tu bolsillo en cambio de pensar en el bolsillo de tu cliente ideal.

Aunque te parezca difícil de creer, hay personas que en una noche al restaurante pueden gastar fácilmente lo que tú ganas en 6 meses. Sabías que existe un cocktail a base de Cognac del 1788 que costa US$8.633 el vaso?

Y sigues creyendo que sea un problema para tu cliente ideal adquirir tu paquete de US$2.000 considerado que tu consultoría puede cambiarle la vida o por lo menos ayudarle a superar su mayor obstáculo en el sector del cual eres experto?

Déjame decirte sinceramente que US$2.000 es hasta un precio asequible por la mayoría de la población. Es suficiente analizar las costumbres de amigos y familiares que, aunque siempre se quejen de la falta de dinero, luego encuentran el dinero para salir de fiesta o para comprar el nuevo móvil o los zapatos bonitos. A veces es sólo una cuestión de necesidad, por la cual hasta una persona de bajos recursos puede encontrar los medios de costearse un servicio que le permita solucionar un problema importante y urgente en su vida.

Obviamente te enseñaré a atraer exclusivamente un tipo de cliente que tenga los recursos más que suficientes, pero pensé que fuese importante darte esta noción de "necesidad urgente" que, muy a menudo, es la principal motivación que impulsa la compra por parte del cliente.

¿Cómo Ganar Desde US$250.000 Anuales como Coach, Consultor, Mentor, Autor o Profesional Independiente?

Solución: Con 10 Clientes de Altísima Calidad que Paguen US$2.083 Mensuales Cada Uno.

US$2.083 x 10 Clientes x 12 Meses = US$250.000

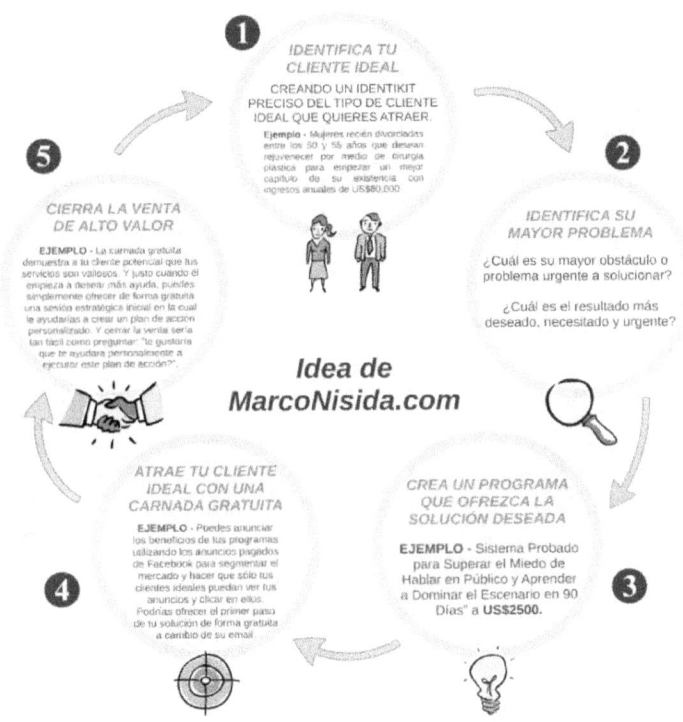

①

IDENTIFICA TU CLIENTE IDEAL

CREANDO UN IDENTIKIT PRECISO DEL TIPO DE CLIENTE IDEAL QUE QUIERES ATRAER.

Ejemplo - Mujeres recién divorciadas entre los 50 y 55 años que desean rejuvenecer por medio de cirugía plástica para empezar un mejor capitulo de su existencia con ingresos anuales de US$80.000

②

IDENTIFICA SU MAYOR PROBLEMA

¿Cuál es su mayor obstáculo o problema urgente a solucionar?

¿Cuál es el resultado más deseado, necesitado y urgente?

④

ATRAE TU CLIENTE IDEAL CON UNA CARNADA GRATUITA

EJEMPLO - Puedes anunciar los beneficios de tus programas utilizando los anuncios pagados de Facebook para segmentar el mercado y hacer que sólo tus clientes ideales puedan ver tus anuncios y clicar en ellos. Podrías ofrecer el primer paso de tu solución de forma gratuita a cambio de su email.

③

CREA UN PROGRAMA QUE OFREZCA LA SOLUCIÓN DESEADA

EJEMPLO - Sistema Probado para Superar el Miedo de Hablar en Público y Aprender a Dominar el Escenario en 90 Días" a **US$2500**.

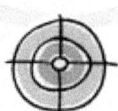

⑤

CIERRA LA VENTA DE ALTO VALOR

EJEMPLO - La carnada gratuita demuestra a tu cliente potencial que tus servicios son valiosos. Y justo cuando él empieza a desear más ayuda, puedes simplemente ofrecer de forma gratuita una sesión estratégica inicial en la cual le ayudarías a crear un plan de acción personalizado. Y cerrar la venta sería tan fácil como preguntar: "te gustaría que te ayudara personalmente a ejecutar este plan de acción?".

Cómo Identificar Tu Cliente Ideal

La forma más eficaz y rentable de tener éxito como consultor, coach o mentor, es dedicarse a un particular segmento de mercado y especializarse en ofrecer la mejor solución al mayor problema que afecta a ese particular segmento psicográfico y demográfico.

Estamos hablando de un grupo de personas cuyas necesidades, situaciones y características sean homogéneas y similares. La ventaja de definir con exactitud el perfil de nuestro segmento ideal es que podremos dirigir nuestras acciones promocionales de forma más precisa, rentable, eficaz y a costos reducidos.

Elegir un nicho en particular o localizar un segmento específico de mercado puede ser una actividad muy compleja a causa de nuestra tendencia hacia la generalización y la incertidumbre. Pero se trata de un proceso indispensable que nos proporciona muchas ventajas competitivas.

Una de las maneras más fáciles para elegir nuestro segmento de mercado ideal es visualizar en nuestra mente a esa persona ideal con la cual nos gustaría trabajar y por medio de varias preguntas trazar un identikit completo y preciso.

Preguntas Útiles para Identificar Tu Cliente Ideal

¿Dónde vive?

¿Qué idioma habla?

¿Es hombre, mujer o ambos?

¿Qué edad tiene?

¿En qué fase del ciclo familiar?

¿Tamaño de la familia?

¿Qué nivel educativo tiene?

¿Qué profesión?

¿Qué nivel de ingresos?

¿Estatus socioeconómico?

¿Tipo de personalidad?

¿Estilo de vida?

¿Valores y actitudes?

¿Intereses e inclinaciones?

¿Necesidades principales?

¿Qué beneficios busca?

¿Qué problemas tiene?

¿Qué resultados necesita?

¿Dónde busca y encuentra informaciones?

¿Qué redes sociales utiliza?

Cómo Identificar Su Mayor Problema

Las siguientes dos preguntas son fundamentales porque nos permiten comprender la transformación que ese cliente ideal desea aportar en la área de experiencia de la cual eres experto. Si eres capaz de ofrecer la solución perfecta a ese problema urgente y si eres capaz de ofrecer ese resultado tan deseado, entonces te convertirás en un imán poderoso que atraerá tu cliente ideal.

¿Cuál es su mayor obstáculo o problema urgente a solucionar?

¿Cuál es el resultado más deseado, necesitado y urgente?

Si necesitas más claridad sobre cuál pueda ser el mayor problema y el resultado más deseado de tu cliente ideal, la forma más simple y cierta de averiguarlo es conducir una pequeña encuesta con esa dos mismas preguntas. Puedes conducir la encuesta utilizando los medios sociales, el correo electrónico, el teléfono o los grupos sociales ya existentes.

Elegir tu segmento de mercado e identificar en él a tu cliente ideal te proporcionarán algunas ventajas tales como:

- tus mensajes promocionales serán la respuesta perfecta a la pregunta de tu cliente ideal ya que habrán sido creados alrededor de sus necesidades.
- tus programas se venderán más fácilmente porque habrán sido estudiados justamente para solucionar el mayor problema de tu cliente ideal.
- será más fácil para ti posicionarte como experto en un nicho de mercado tan específico.
- serás capaz de ofrecer mejores resultados porque te convertirás en un especialista.
- podrás optimizar tus recursos de forma inteligente y ganarás más dinero trabajando menos.
- no perderás tu tiempo y tu dinero con personas o mercados que no merezcan tu atención.

Ejemplo Concreto

Si tú fueras un consultor en el sector de la belleza y no eligieras un segmento específico de mercado, sería imposible dominar los infinitos subnichos existentes en ese tan variado cuanto genérico sector de la belleza. Te volverías loco a la idea de crear promociones diferentes por cada segmento o tal vez crearías una campaña única que pero no sería capaz de atraer ningún cliente en concreto por ser tan genérico.

Por lo tanto sería imprescindible analizar los varios mercados (cosmética, deporte, dietas alimentares, cirugía plástica, ocio y relax, estilo personal, etc…) por un lado y los varios segmentos de mercado (jóvenes hombres metrosexuales, mujeres menopáusicas en sobrepeso, jóvenes mujeres que buscan un cambio de imagen, etc...) por el otro.

Primero intentaría seguir mis auténticas pasiones y optaría por el subnicho en el cual me sentiría más feliz trabajando.

Para ayudarme en la decisión analizaría las informaciones disponibles por Internet, leería algún periódico del sector, investigaría las nuevas tendencias y las mejores oportunidad de crecimiento, intentaría comprender las estrategias utilizadas por la competencia y la rentabilidad de cada nicho.

También intentaría descubrir si existe alguna correlación entre una particular tipología de clientes y una determinada tendencia de crecimiento del mercado.

En este caso, tras leer mucha documentación, descubriría que las mujeres recién divorciadas de edad entre los 50 y los 55 años desarrollan una fuerte e improvisa necesidad de rejuvenecer para empezar un nuevo capítulo de su existencia.

En particular, descubriría que ese segmento de la población femenina desea ardientemente recurrir a la cirugía estética para obtener inmediatas y profundas transformaciones tanto a nivel físico como a nivel emocional y psicológico. Durante el primer año desde el consecución del divorcio las mujeres con ese perfil suelen tener mucho poder adquisitivo gracias al dinero recibido por parte de su ex-marido y desean renovar totalmente su existencia.

Pondría todos esos elementos en relación entre ellos y tal vez terminaría eligiendo el siguiente segmento de mercado:

Mujeres recién divorciadas entre los 50 y 55 años que desean rejuvenecer para empezar un mejor capítulo de su existencia y que disponen de un alto poder adquisitivo.

De esta forma, habría identificado mi cliente ideal y seguiría añadiendo informaciones muy importantes a su identikit respondiendo a las preguntas útiles mencionadas al comienzo de este capítulo. Por ejemplo, me preguntaría: ¿esta mujer tiene hijos que mantener o ya viven fuera de su casa?, ¿es una persona extrovertida y solar o tímida y apática?, ¿es la dueña de una empresa, una profesional o una ama de casa?

Reglas de Oro para Identificar Tu Cliente Ideal

Sea cual sea tu nicho de mercado, hay algunas características que todo cliente ideal debería tener:

- un problema que necesita resolver con urgencia
- un resultado positivo más deseado y necesitado
- dinero para poder invertir en tus programas
- predisposición para invertir en tus programas
- puntualidad a la hora de pagar tus honorarios
- respeto hacia tu profesionalidad como experto

Después de haber trabajado con muchísimos clientes he descubierto que, muchas veces, tu cliente ideal eres tú mismo en la situación en la cual te encontrabas algunos años atrás (para algunas personas puede ser sólo pocos meses atrás).

Si, por ejemplo, eres un entrenador personal en el sector del fitness y de la forma física, es probable que tu cliente ideal seas tú mismo cuando todavía tu mayor problema era un físico flácido, gordo o sin forma y buscabas la solución definitiva a ese problema que tanto te incomodaba.

Si tras completar la lectura del libro, necesitases mi ayuda personalizada podrías contactarme al correo ayuda@marconisida.com para reservar una sesión estratégica en vivo conmigo en la cual te ayudaría a identificar tu mercado y tu cliente ideales.

Cómo Atraer Tu Cliente Ideal

Cuando construyes todas tus campañas promocionales alrededor de la mayor necesidad de tu cliente ideal y eres capaz de comunicar con confianza la promesa del resultado que con más urgencia él desea, entonces la venta acontece naturalmente y de forma espontánea.

Recuerda que si buscas en el nicho de mercado equivocado o intentas venderle un programa de alto valor a un cliente que NO es tu cliente ideal, sólo estarás perdiendo tu tiempo. Debes dedicarte exclusivamente a atraer tu cliente ideal y promocionar tus servicios en los lugares donde se encuentra.

No necesitas ni deseas atraer clientes mediocres que no sepan o no puedan valorar tus servicios de alto valor. Por lo tanto, todos tus esfuerzos en términos de tiempo, dinero y enfoque mental deberían ser dirigidos exclusivamente hacia la construcción de una comunicación precisa y eficaz con tus clientes ideales en los lugares donde prefieren encontrarse.

METÁFORA - Este modelo de consultoría potenciada funciona como la pesca de grande peces. En cambio de desgastar inútilmente nuestras energías pescando infinitos peces muy pequeños, este modelo nos permite preparar una carnada gorda, gustosa y gratuita que atraerá exclusivamente peces muy grandes, gordos y prestigiosos. De esta forma, con tan sólo 3 o 5 peces muy grandes habremos obtenido un resultado económico mucho mayor del que conseguiríamos pescando 5000 peces muy pequeños, y con mucho menos esfuerzo en términos de tiempo y trabajo.

Si quieres atraer tu cliente ideal es suficiente preparar una carnada gorda y gustosa que le permita saborear en anticipo una parte de la solución definitiva que le ofrecerás tras la venta de tu programa de consultoría de alto valor.

Imagina que tu programa de consultoría disponga de una solución en 5 pasos, podrías utilizar el primer paso como carnada gratuita para atraer los peces gordos a tu anzuelo.

No tengas miedo de disponibilizar tus mejor carnada de forma gratuita, ya que esa carnada se transformará en un imán para tus clientes ideales. Mejor es el imán, mejores los clientes potenciales que podrás atraer.

Recuerda que en este negocio sólo avanzan los profesionales que desean realmente aportar, con integridad y dedicación, las mejores soluciones a los problemas de sus clientes. Se trata de demostrar prácticamente a nuestros clientes ideales que nuestros servicios son tan útiles y eficaces que deberían comprar el paquete completo de alto valor. Todas nuestras campañas promocionales deberían hablar de beneficios y soluciones para los problemas de nuestros clientes ideales.

Ejemplo Concreto de Carnada Gratuita

Un experto en hipnosis que desea ayudar a empresarios que quieren superar el miedo de hablar en público, podría utilizar un audio de inducción hipnótica como carnada gratuita para ayudarle a aumentar la confianza en sus capacidades de orador y al mismo tiempo demostrarle la eficacia de su método para que decida comprar todo el programa de consultoría de alto valor. O si no desea crear ese audio, sería suficiente ofrecer una sesión estratégica gratuita de 30 minutos durante la cual le haría probar en directo una técnica hipnótica para que pruebe una parte de la transformación obtenible tras la compra del paquete completo.

El concepto de carnada gratuita para atraer clientes ideales funciona tanto en el mundo tradicional como en el mundo de Internet.

El secreto es posicionar el anzuelo con la carnada gratuita en el lago o en la parte exacta del mar donde se encuentran nuestros clientes ideales.

En el mundo tradicional, puedes promocionarte utilizando artículos en las revistas especializadas del sector, entrevistas en las radio que traten del tema específico, anuncios en las zonas de la ciudad donde se encuentran tus clientes ideales, colaboraciones con otros profesionales o empresas que ofrezcan servicios parecidos pero no competitivos.

Por ejemplo, si quieres atraer *mujeres recién divorciadas entre los 50 y 55 años que desean rejuvenecer para empezar un mejor capítulo de su existencia y que disponen de un alto poder adquisitivo*, deberías intentar colaborar con los abogados divorcistas de tu ciudad para que expongan tu mensaje promocional en cambio de una comisión.

En el mundo de Internet, puedes promocionarte utilizando las correctas palabras claves en los títulos de tu nueva serie de vídeos en YouTube, los anuncios pagados en Facebook, artículos en revistas en línea o foros especializados, entrevistas en web radio. Además, puedes crear tus propias páginas web, tu propio canal de televisión o radio en la web, tus propias páginas sociales en Facebook, Twitter, LinkedIn, tu propio libro o ebook en

Amazon y mucho más, para que tus clientes ideales empiecen a escuchar de ti.

Cómo Crear Programas de Alto Valor

Un programa individual de alto valor tiene obligatoriamente que respetar algunas características fundamentales:

- estar construido alrededor de nuestro cliente ideal
- debe ofrecer la solución a un problema mayor
- debe facilitar ese resultado tan deseado
- es un sistema organizado paso a paso
- debe transformar la situación A en B
- debe valer y costar mucho dinero
- no es un trabajo a horas

El valor de un programa individual de consultoría crece al aumentar la calidad o la dimensión de la transformación que puede ofrecer en la vida de nuestros clientes.

Cuando, en calidad de coach transformacional, he devuelto la felicidad, la sonrisa y la esperanza de un futuro próspero a una madre destrozada por el dolor y la impotencia porque su hijo autista había sido abusado en la institución donde supuestamente debían cuidar de él, esa transformación tuvo un valor inmenso. No importa que esa transformación haya ocurrido en tan sólo dos horas. Lo que importa es haber ofrecido un resultado tan positivo y deseado, y a la vez haber superado un problema (trauma) tan complicado.

Si tuviéramos que darle un precio a esa transformación, cuánto crees que podría costar? La única y sincera verdad es que no hay suficiente dinero en el mundo que pueda igualar el inmenso valor de la felicidad de un ser humano. Por lo tanto, haremos lo que sea posible para darle un valor económico lo más alto posible y lo ajustaremos al tipo de mercado y cliente ideal al cual queremos dedicarnos.

Por lo tanto, si mi cliente hubiese sido la esposa de Bill Gates (el hombre más rico del mundo) el precio de esa transformación (dos horas de trabajo para mí) habría costado fácilmente más de 1 millón de dólares americanos. Si, en cambio, mi cliente hubiese sido una pequeña mujer empresaria con un patrimonio neto inferior a los US$500.000, esa misma transformación habría costado US$10.000.

Quiero sinceramente acostumbrarte a la idea que existe un precio por cada cliente y un cliente por cada precio.

Una transformación no tiene un valor intrínseco igual para todos, más bien tiene el valor correspondiente a la importancia o la urgencia que ese determinado tipo de cliente atribuye a esa transformación en ese particular momento de su vida. Por lo tanto el valor de tus programas de consultoría, coaching o mentoría depende en gran parte de tu capacidad de posicionarte en la parte más próspera, rica y prestigiosa de tu mercado.

Una de las formas más rápidas para pre-posicionarte como experto en tu nicho de mercado es atribuir a tus programas un valor muy alto. La importante decisión de elevar tus precios hará que el mercado perciba más calidad en tus servicios y esta nueva percepción funcionará como un imán que atraerá tus clientes ideales y como un elemento de repulsión para los clientes que no te interesan.

Cómo Crear un Programa Individual de 90 Días

Cada programa debería tener un título muy atractivo que permita identificar muy claramente el tipo de transformación que se le ofrecerá al cliente ideal.

Recuerda que este programa debe ofrecer la solución al problema mayor de tu cliente ideal y a la vez debe ayudarle a alcanzar el resultado positivo que desea más y con urgencia.

Este programa funcionará como un medio de transporte que llevará tu cliente ideal desde la situación en la cual se encuentra ahora hacia la situación en la cual desea estar.

Ejemplos de títulos magnéticos:

- "Sistema Probado para Superar el Miedo de Hablar en Público y Aprender a Dominar el Escenario en 90 Días"
- "Programa Garantizado para Idear, Escribir, Publicar y Convertir Tu Libro en Más Vendido en Sólo 90 Días"

- "Programa Estratégico para Atraer, Seducir y Conquistar al Hombre de Tus Sueños y Hacer que Se Enamore de Ti"

Como puedes fácilmente notar todos esos títulos contienen promesas muy importantes y hablan de resultados concretos que un cliente ideal ciertamente desearía alcanzar. No hace falta decirte que deberías prometer exclusivamente resultados que realmente puedes ayudar a obtener. De la misma forma, el resultado también depende de la capacidad y calidad de implementación del cliente.

Por esto deseamos atraer exclusivamente clientes ideales que sientan la responsabilidad de implementar correctamente las estrategias que les facilitaremos durante todo el programa.

El programa individual de 90 días en cuestión podría ser estructurado según de la siguiente forma:

- 1 sesión estratégica inicial de 4 horas
- 6 sesiones de seguimiento de 1 hora (2 horas al mes)
- acceso al soporte por correo electrónico

- BONOS ADICIONALES - plantillas y material del programa en PDF, grabación audio de las sesiones.

Puedes realizar las sesiones individuales utilizando Skype, que es un programa gratuito de videoconferencias online, o puedes utilizar otros servicios que encuentras en esta página.

Durante la sesión estratégica inicial de 4 horas podrías: elaborar de forma colaborativa con el cliente un plan de acción personalizado y completo, enseñarle en detalles todos los pasos de ese plan, enseñarle técnicas prácticas para superar su obstáculo más grande, hacer ejercicios concretos para que el cliente pueda fácilmente alcanzar el resultado …

Las demás sesiones de seguimiento servirían para aclarar dudas puntuales, revisar los resultados obtenidos, mejorar las acciones a implementar, responder preguntas, motivar al cliente y darle la energía suficiente para seguir.

Los bonos adicionales son elementos de soporte que pueden ayudar al cliente a organizar las informaciones y profundizar las técnicas tratadas durante las sesiones presenciales.

Cómo Ponerle un Precio a Tu Programa de 90 Días

Aunque no exista una forma única y cierta de valorar un programa de consultoría personalizada a causa de las variables arriba mencionadas, para empezar es posible utilizar un sistema de precios basado en el valor que atribuyes al tiempo que invertirás como consultor en ese programa.

Deberías establecer el valor intrínseco de tu profesionalidad por unidad de tiempo, algo que no tenga nada a que ver con el valor de mercado. Es algo que sólo tú puedes establecer. Considerado que tú eres el factor dominante dentro de esa ecuación que transforma la vida de tu cliente ideal, necesitas otorgarte el derecho de valorar altamente tu precioso tiempo si quieres que el precio final de ese programa te haga feliz.

¿Cuál debería ser el valor intrínseco de tu profesionalidad por unidad de tiempo para que pudieras sentirte realmente feliz y valorado? ¿Qué tal US$500 por hora?

Ahora, ¿cuál sería el valor mínimo que aceptaría por unidad de tiempo, en caso de que necesitaras hacer un descuento para empujar una venta difícil? ¿Qué tal US$250 por hora?

En el caso del programa trimestral arriba mencionado, deberías invertir 10 horas de tu tiempo por cada cliente que lo comprase. Una simple manera para establecer el precio final del programa trimestral sería:

US$500 x 10 horas = US$5.000 (Precio Correcto)

US$250 x 10 horas = US$2.500 (Precio Mínimo)

Ahora que dispones de una gama de precios con el cual empezar, puedes perfeccionar el precio basándote en otros importantes factores tales como: el prestigio socio-económico de tu cliente, el grado de posicionamiento que tienes en el mercado, el valor correspondiente a la importancia o la urgencia que ese determinado tipo de cliente atribuye a esa transformación en ese particular momento de su vida.

En cuanto hayas decidido el precio final del programa trimestral te sugiero modificar ligeramente los dígitos finales para que el precio sea más atractivo desde un punto de vista psicológico. Han hecho muchos estudios que demuestran que el precio US$4.970 vende mucho más que US$5.000.

Recuerda que un precio alto se asocia a un producto o servicio de calidad y el consultor que quiera prestigiar sus programas de consultoría deberá fijar precios altos. Esta estrategia de precio de prestigio será efectiva siempre que el consumidor perciba de algún modo la superioridad de tales programas y servicios. Por lo tanto, entrégale siempre tu mejor calidad.

Si tu mente todavía rechaza la posibilidad que tú puedas merecerte esa cantidad de dinero, entonces te sugiero contactarme al correo ayuda@marconisida.com para que pueda ayudarte a superar las creencias limitantes que no te permiten despegar el vuelo hacia tus sueños de felicidad.

Cómo Promocionar Programas de Alto Valor

Existen realmente muchísimas estrategias con las cuales puedes promocionar tus programas de alto valor, pero en este libro deseo ofrecerte una estrategia tanto innovadora como simple con la cual podrás obtener resultados inmediatos y empezar a ganar dinero durante los primeros 30 días.

Esta estrategia te permite atraer exclusivamente clientes ideales que estén interesados en tus programas de alto valor y se compone de los 4 elementos representados en el gráfico.

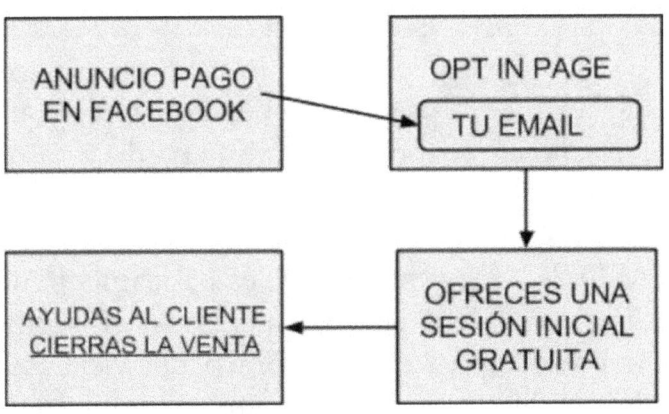

PASO 1 - Facebook, el social network con más de un billón de usuarios activos en todo el mundo, te permite mostrar tus anuncios promocionales exclusivamente a tus clientes ideales.

Puedes segmentar el mercado y comunicarte con tu cliente ideal de una forma tan precisa como jamás había sido posible en la historia de la humanidad. Por ejemplo, puedes decidir que tu anuncio sólo venga mostrado al siguiente segmento de mercado: mujeres de 50-55 años, solteras, licenciadas en una particular universidad, empresarias, afluentes, posesoras de iPhone, de nacionalidad mexicana, que actualmente vivan en Nueva York, que hablen español, sin hijos, interesadas en rejuvenecer por medio de la cirugía estética.

De esta forma, tu anuncio será visualizado exclusivamente por tu cliente ideal el cual tras hacer clic en el anuncio será redirigido a tu opt in page.

PASO 2 - Una Opt In Page es básicamente una página web en la cual pedimos el primer nombre y el correo electrónico del visitante a cambio de una carnada gratuita, sea esta un vídeo tutorial, un e-book, un artículo en PDF, un boletín email.

Nuestra opt in page debería utilizar un mensaje coherente con el contenido del anuncio de Facebook y con los intereses de nuestro cliente ideal, tal como:

"Descubre la Técnica nº 1 de Rejuvenecimiento Utilizadas por las Estrellas de Hollywood - Suscríbete Gratuitamente para Recibir la Guia"

Al presionar el botón "suscríbete gratuitamente", el visitante recibiría inmediatamente la guía a su correo electrónico y contemporáneamente sería redirigido a otra página en la cual se le ofrecería nuestra ayuda personalizada por medio de una sesión estratégica inicial gratuita.

PASO 3 - Esta página es fundamental porque en ella reside nuestra oportunidad de motivar al cliente ideal para que decida reservar una sesión estratégica inicial y así hablar directamente contigo.

El mensaje contenido en esta página debería ser algo así:

"Te gustaría que te ayudará gratuitamente a crear un plan de acción para que pudieras sentirte más joven de 20 años en tan sólo 90 días?"

"Durante nuestra sesión estratégica gratuita responderé tus preguntas, aclararé tus dudas y te enseñaré las técnicas más eficaces para rejuvenecer y mantener un estilo de vida joven, enérgico y activo."

"Te ofrezco esta oportunidad porque creo sinceramente que las mujeres recién divorciadas merezcan una nueva oportunidad de felicidad y juventud. Al mismo tiempo, soy un consultor experto en este sector y si tras nuestra sesión inicial gratuita quisieras convertirte en una de mis clientas exclusivas, estaré feliz de ofrecerte la oportunidad única de inscribirte en mi programa garantizado "Rejuvenece 20 Años en 90 Días."

"Esta sesión estratégica es totalmente gratuita y durante 45 minutos te enseñaré una técnica concreta paso a paso que te permitirá obtener el resultado que deseas en pocas semanas." (Tu podrás ser más específico)

"Te garantizo que esta sesión te será inmensamente útil y que te ayudará concretamente en la realización de tu propósito (o en la solución de tu problema)."

"Dicho esto, permíteme recordarte que puedo ayudar exclusivamente a mujeres que estén realmente dispuestas a invertir su tiempo, sus esfuerzos y su dinero para alcanzar resultados asombrosos y rejuvenecer mínimo 20 años."

"Puedes reservar una sesión estratégica gratuita directamente conmigo, utilizando el sistema automático abajo."

Hoy en día, existe un cómodo sistema para que el cliente reserve autónomamente el horario y el día de la cita virtual.

Para completar la reserva, el cliente deberá responder algunas simples preguntas que nos permitirán comprender de forma más precisa su situación específica, sus necesidades y los resultados que desea. Esta es una forma inteligente de automatizar los procesos, optimizar nuestro tiempo y precalificar a los clientes potenciales.

PASO 4 - Antes de comenzar la sesión estratégica gratuita con tu cliente potencial respira profundamente y escucha una música inspiradora y triunfal. Recuerda que te pondrás a hablar con tu cliente ideal, alguien que está deseando con urgencia la solución a un problema que tú sabes solucionar.

Esta cita es el encuentro perfecto entre las necesidades y los deseos de tu cliente ideal y las soluciones y los resultados que tú puedes ofrecerle. Así que enfrenta esta conversación con mucha energía, entusiasmo y confianza. Haz que el cliente perciba que estás sinceramente interesado en solucionar sus problemas, aclarar sus dudas, ofrecerle resultados concretos y positivos.

Comienza la conversación dándole las gracias por participar a este valiosa y transformadora sesión estratégica contigo y, ayudándote con las informaciones recibidas por medio del formulario, pregúntale más detalles sobre su necesidad más urgente y sobre el resultado que desea obtener. Explícale que estás allí para ayudarle a construir de forma colaborativa un plan de acción que pueda llevarlo a la realización concreta y rápida de ese resultado tan deseado.

Unas preguntas muy poderosas pueden ser:

"¿Qué debería ocurrir de aquí a 12 meses para que pudieras sentirte feliz con los resultados?"

"¿En qué deberías creer para que fuese posible obtener esos resultados?"

Haz las preguntas necesarias para comprender exactamente los deseos, los problemas, las aspiraciones, las soluciones de tu cliente ideal y cuando hayan completado esta exploración dale las gracias por haber compartido contigo todas esas valiosas informaciones. Asegúrate de haber entendido bien su auténtico propósito. Esta fase exploratoria no debería durar más de 15 minutos.

Ahora que has comprendido su situación actual y la situación en la cual desearía encontrarse, empieza a construir un puente entre estas dos situaciones. La creación de un plan de acción puede hacerse de forma colaborativa, sin que el cliente se de cuenta, para asegurarnos que el cliente mismo se sienta cómodo con las acciones y los pasos que luego estaremos prescribiendo.

Puedes utilizar preguntas constructivas como:

"¿Qué te parece si implementáramos una estrategia que te permita alcanzar este primer resultado?"

"Te gustaría si pudiéramos superar este obstáculo utilizando esta secuencia de pasos estratégicos?

Estas preguntas ayudan al cliente a elevar su estado anímico y obligan su mente a enfocarse en los resultados positivos.

En cuanto hayas completado la construcción colaborativa del plan de acción más coherente con las necesidades, las expectativas y las habilidades de tu cliente ideal, estarás listo para "prescribir" ese mismo plan de acción personalizado con confianza, seguridad y optimismo.

Puedes decir algo como: "en base a todo lo que me has dicho, la forma más eficaz y rápida de superar el obstáculo X y alcanzar el resultado Y, es implementar el siguiente plan de acción personalizado ..."; "podrías implementar paso a paso esta simple secuencia de acciones concretas ...".

En pocas palabras le mostrarás el exacto camino (el puente) para que pueda llegar, de forma fácil y rápida, al destino deseado. Tu cliente ideal estará más que feliz de aceptar ese plan de acción, ya que él mismo nos ha ayudado a construirlo respondiendo con consenso a nuestras preguntas.

Cómo Vender Tus Programas de Alto Valor

En cuanto hayas terminado la gentil prescripción del plan de acción, podrías preguntarle: "te parece un plan de acción efectivo?". Y si la respuesta fuese afirmativa, podrías decir algo tan poderoso cuanto simple: "te gustaría que te ayudara personalmente a implementar este plan de acción para asegurarnos de que alcances tu resultado en sólo 90 días?"

Tras seguir los 4 pasos anteriores y demostrar a tu cliente ideal que puedes ofrecerle la mejor solución a su mayor problema y que puedes ayudarle a obtener rápidamente el resultado que tanto desea, habrás vendido tu primer programa trimestral de alto valor y realizado una venta entre US$2.500 y US$5.000 sin tener que parecer un vendedor.

De esta forma, tu cliente ideal te percibe como un consultor experto cuya única misión es ayudarle sinceramente a obtener resultados, y querrá comprar tu paquete exclusivo porque ya le has demostrado el valor de esa transformación.

De hecho, la única forma de demostrar a tu cliente ideal que puedes ayudarle, es ayudarle de una vez.

Ninguna credencial, ningún certificado, ningún diploma podrá jamás sustituir el inmenso poder que adquieres al demostrar con resultados concretos el valor de tus servicios.

Así que no esperes que alguien o algo te conceda una autorización para convertirte en un consultor potenciado, ya que lo único que puede realmente otorgarte ese derecho eres tú mismo por medio de tu voluntad de crecer personalmente, mejorar como profesional y aprender todo lo que haga falta para ofrecer resultados concretos a tus clientes ideales.

Vídeos en Regalo

Deseándote una existencia maravillosa y un próspero futuro como consultor, es mi profundo deseo regalarte el acceso a una serie de vídeos en los cuales expongo personalmente algunos conceptos claves para que puedas efectivamente lograr el éxito profesional y la libertad financiera que ciertamente mereces.

Puedes ver los vídeos en esta página:

http://marconisida.com/videos-consultores

Espero que sean de tu agrado.

Conclusión

Tú mereces ser feliz! Tú mereces vivir tus sueños de felicidad y disfrutar de una libertad financiera que te permita existir según tus auténtica esencia interior.

El modelo de negocio presentado en este libro te permite convertirte en un consultor potenciado que, tras dedicarse con integridad y responsabilidad en ofrecer resultados asombrosos para sus clientes ideales, puede ganar desde US$10.000 al mes en adelante trabajando muy pocas horas al día. Y esa cantidad sería sólo el comienzo, considerado que hay varios profesionales que actualmente facturan varios millones de US$ al año utilizando estas mismas estrategias. Ahora depende únicamente de ti y de tus ambiciones.

Se trate de un modelo centrado en la calidad, construido alrededor de tus auténticas pasiones y potenciado para ofrecer a tus clientes las mejores soluciones disponibles.

Te recuerdo que el presente libro es la continuación de mi primer libro "Tú Mereces

Ser Feliz!", el cual está disponible en la siguiente dirección: amzn.com/B00IAO6E5I.

Ahora sabes que tú destino de felicidad está en tus propias manos. Yo creo en ti! Tú puedes realizar tus sueños!

Te deseo una vida maravillosa.

Muchas gracias por tu gentil atención,
un fuerte abrazo, Marco.

¿Quieres Que Te Ayude Personalmente?

¿Quieres que te ayude personalmente a duplicar, triplicar o hasta cuadruplicar tus ingresos dentro de 90 Días de Forma Gratuita?

Me encantaría ayudarte a diseñar un plan de acción personalizado para que tú también puedas: identificar tu cliente ideal; crear un programa de alto valor que solucione el problema mayor de tu cliente ideal; promocionar tu programa de forma magnética para atraer solamente a esos clientes ideales con los recursos para invertir en ti; la estrategia exacta para vender tu programa en US$1,000 – US$10,000 o más por cliente. De esta forma podrás alcanzar rápidamente los US$100,000 o más en 12 meses o menos, con menos trabajo y menos clientes.

Por Qué Te Ofrezco Esta Oportunidad?

Ofrezco esta sesión estratégica gratuita porque me encanta ayudar a coaches, consultores, mentores, autores, conferenciantes y profesionales independientes a obtener la felicidad y la libertad financiera que merecen.

Además, si encontrarás valor en la ayuda concreta que te daré, tal vez me pedirás que siga ayudándote personalmente con la implementación del plan estratégico en calidad de cliente exclusivo, para que tú tambien te conviertas en un consultor respectado, realizado y financieramente libre.

No Hay Costo Ni Obligación

Por favor, entiende que no estoy ofreciéndote una venta disfrazada. Te prometo no presionarte o molestarte de ninguna manera. Lo único que realmente deseo es ayudarte de forma práctica y eficaz para que lleves tu negocio al próximo nivel.

De hecho, si sientes que he abusado de tu tiempo, me dejarás saber y te enviaré inmediatamente un cheque de US$100. Estoy totalmente seguro de que amarás esta sesión estratégica gratuita.

Esto NO Es Para Todos

Claro, y esto es importante, antes de que continúes tienes que saber que no puedo ayudar a todo el mundo. Sólo puedo ser de beneficio para coaches, consultores, mentores, autores, conferenciantes y profesionales independientes.

Reserva nuestra sesión estratégica gratuita <u>si y sólo si</u>:

✓ Estás completamente comprometido a crear un auténtico negocio de 6 cifras a múltiples 6 cifras en ingresos anuales que sirva tu visión, metas financieras y estilo de vida.

✓ Tienes en su sitio lo básico de tu negocio y deseas mover rápidamente tu negocio hacia un nuevo y emocionante nivel de crecimiento.

✓ Tienes ya clientes y ya estás generando dinero.

✓ Quieres rápidamente lanzar nuevas fuentes de ingresos y sabes que necesitas la guía de un mentor que tiene la experiencia y el liderazgo en las áreas de creación, diseño y ventas de programas de alto valor.

✓ Estás dispuesto a superar tus creencias limitantes y emprender una real transformación.

✓ Asumes totalmente la responsabilidad de todo lo que acontece en tu vida, sin ninguna excusa.

✓ Sabes que eres un líder y quieres que el "exterior" de tu negocio refleje esta certeza interna.

✓ No tienes el tiempo para errores (o dejar pasar otros 6-8 meses sin progreso).

✓ Estás LISTO para tener transformaciones financieras y pasar al próximo nivel.

✓ Te comprometes contigo mismo en el proceso de transformación

✓ Te comprometes a implementar rápidamente las estrategias sin excusas

<u>Si cumples con estos requerimientos</u> y deseas aplicar para una sesión estratégica, gratuita y privada conmigo, puedes hacerlo aquí: → <u>https://marconisida.com/consultor-millonario/</u> ←

El Autor

Marco Nisida, nace 32 años atrás en el sur de Italia y pasa su infancia y adolescencia en un entorno cultural e intelectual pobre y degradado.

Para rescatar su existencia y superar los problemas familiares y los obstáculos sociales e intelectuales creados por un ambiente ignorante y agresivo, se ve obligado a desarrollar una gran fuerza interior y un método para transformar su rabia en acciones positivas y proactivas.

A pesar de que durante casi toda su infancia y adolescencia, tuvo que vivir a diario emociones de tristeza, frustración, soledad, rechazo social y abandono, logra desarrollar un sistema interno para transformarse en una persona muy solar, alegre, entusiasta, positiva y optimista. De hecho, es reconocido por su inmensa alegría y contagioso entusiasmo, a pesar de las dificultades.

Su creencia es que absolutamente todos, sin importar las dificultades, podemos superar los obstáculos que la vida nos impone y realizar nuestros sueños de felicidad.

Durante la segunda década de su vida, mientras analiza los condicionamientos externos y aprovecha las enseñanzas ofrecidas por una vida real muy difícil, empieza el estudio constante de múltiples textos de filosofía existencial, psicología, sociología en búsqueda de instrumentos intelectuales y emocionales para salir del dolor existencial en el cual se siente atrapado.

El esfuerzo constante para superar varios obstáculos familiares, sociales y psicológicos, junto al estudio y la análisis crítica del pensamiento de maestros como Schopenhauer, Nietzsche, Heidegger, Freud, Jung, Einstein, Galilei (para citar algunos), le ayuda a desarrollar una fuerte disciplina mental, gran empatía e inteligencia emocional y una actitud muy positiva y optimista, todos elementos que le permitirán superarse y rescatar su existencia de una forma muy vital, entusiasta y feliz.

A la joven edad de 17 años se muda a Turín, en el norte de Italia, para emprender sus estudios universitarios. Esta nueva e improvisa oferta de intercambios culturales, intelectuales, artísticos y emocionales , le permitirá seguir avanzando en el camino hacia su superación individual y profesional.

De aquel momento y durante 15 años, Marco emprenderá muchos viajes enriquecedores alrededor del mundo y seguirá estudiando e implementando las técnicas más eficaces para: superar cualquier obstáculo, alcanzar metas de forma rápida y concreta, transformar pasiones en proyectos rentables, realizar propósitos y sueños para muchos imposibles de alcanzar, mantener una mente positiva y optimista, aumentar la autoestima, solucionar conflictos emocionales, crear planes de acción, obtener rápidamente resultados, ayudar a otros profesionales a posicionarse como expertos en sus propios mercados ideales y vender programas de alto valor.

Con tan sólo 19 años se convierte en "Miembro de la Junta Directiva" del Colegio Universitario Renato Einaudi y "Representante Estudiantil en el Senado del Politecnico di Torino". Con tan sólo 22 años logra participar como "Protagonista en un Programa Televisivo Nacional" y participar en una "Premiada Película sobre la Inquietud Juvenil". Con tan sólo 26 años crea un método de aprendizaje revolucionario para aprender idiomas sin esfuerzo. El año siguiente empieza su misión más importante, la creación y difusión de programas de formación para la motivación, la autoestima y la superación personal. Actualmente, se dedica a programas de coaching individual y grupal, talleres y seminarios de transformación existencial y conferencias de superación personal en todo el mundo. En el 2014 publica dos libros "Tú Mereces Ser Feliz" y "Consultor Millonario".

Sus vídeos de formación a distancia han sido visualizados más de 6.000.000 de veces y actualmente más de 150.000 estudiantes están suscritos a sus cursos online.

Si deseas ponerte en contacto con su oficina, puedes utilizar los siguientes canales de comunicación:

Website: www.MarcoNisida.com
Email: support@marconisida.com
FB: https://facebook.com/marconisida

Derechos De Autor